curiosidad por

EL BÉISBOL

POR THOMAS K. Y HEATHER ADAMSON

AMICUS

¿Qué te causa

curiosidad?

Curiosidad por es una publicación de Amicus
P.O. Box 227, Mankato, MN 56002
www.amicuspublishing.us

Editora: Alissa Thielges
Diseñadora de la serie: Kathleen Petelinsek
Diseñadora de libro: Lori Bye
Investigación fotográfica: Omay Ayres

Información del catálogo de publicaciones de la biblioteca del congreso
Names: Adamson, Thomas K., 1970- author. | Adamson, Heather, 1974- author.
Title: Curiosidad por el béisbol / por Thomas K. and Heather Adamson
Other titles: Curious about baseball. Spanish
Description: Mankato, MN: Amicus, [2024] | Series: Curiosidad por los deportes | Includes index. | Audience: Ages 6–9 | Audience: Grades 2–3 | Summary: "Conversational questions and answers, translated into Spanish, share what kids can expect when they join a baseball team, including what gear to pack, some basic rules of play, and what those secret hand signals mean"—Provided by publisher.
Identifiers: LCCN 2022048082 (print) | LCCN 2022048083 (ebook) | ISBN 9781645495970 (library binding) | ISBN 9781681529158 (paperback) | ISBN 9781645496274 (ebook)
Subjects: LCSH: Baseball—Juvenile literature.
Classification: LCC GV867.5 .A33418 2024 (print) | LCC GV867.5 (ebook) | DDC 796.357—dc23/eng/20221006
LC record available at https://lccn.loc.gov/2022048082
LC ebook record available at https://lccn.loc.gov/2022048083

Photo credits: Alamy/Zoonar GmbH 18; Dreamstime/Stevendalewhite 9; Getty/Cavan Images 19, LWA 5, Tim Clayton - Corbis 13, Yoshiyoshi Hirokawa, cover, 1; Shutterstock/Frank Romeo 6–7, kivnl 8, mayalis 22 and 23 (icons), olllikeballoon 21 (hands), PeopleImages.com - Yuri A 21 (t), Robert J Daveant 16, Satoshi_Hyodo 14–15, Steve Broer 10–11

Impreso en China

CAPÍTULO UNO

¿Qué sucede en una práctica de béisbol?

¡Aprenderás a atrapar y a lanzar! También usarás un bate para practicar los golpes a la pelota. No olvides llevar un guante de béisbol. Lleva también una gorra para proteger tus ojos del sol. Muchos jugadores usan pantalones largos para poder deslizarse a las bases.

¿SABÍAS?

Los bateadores y los receptores tienen equipo de seguridad. Los bateadores usan casco. Los receptores usan una máscara y otras almohadillas.

Usa un guante para atrapar la pelota así no te lastimas la mano.

¿Cuáles son las partes de un campo de béisbol?

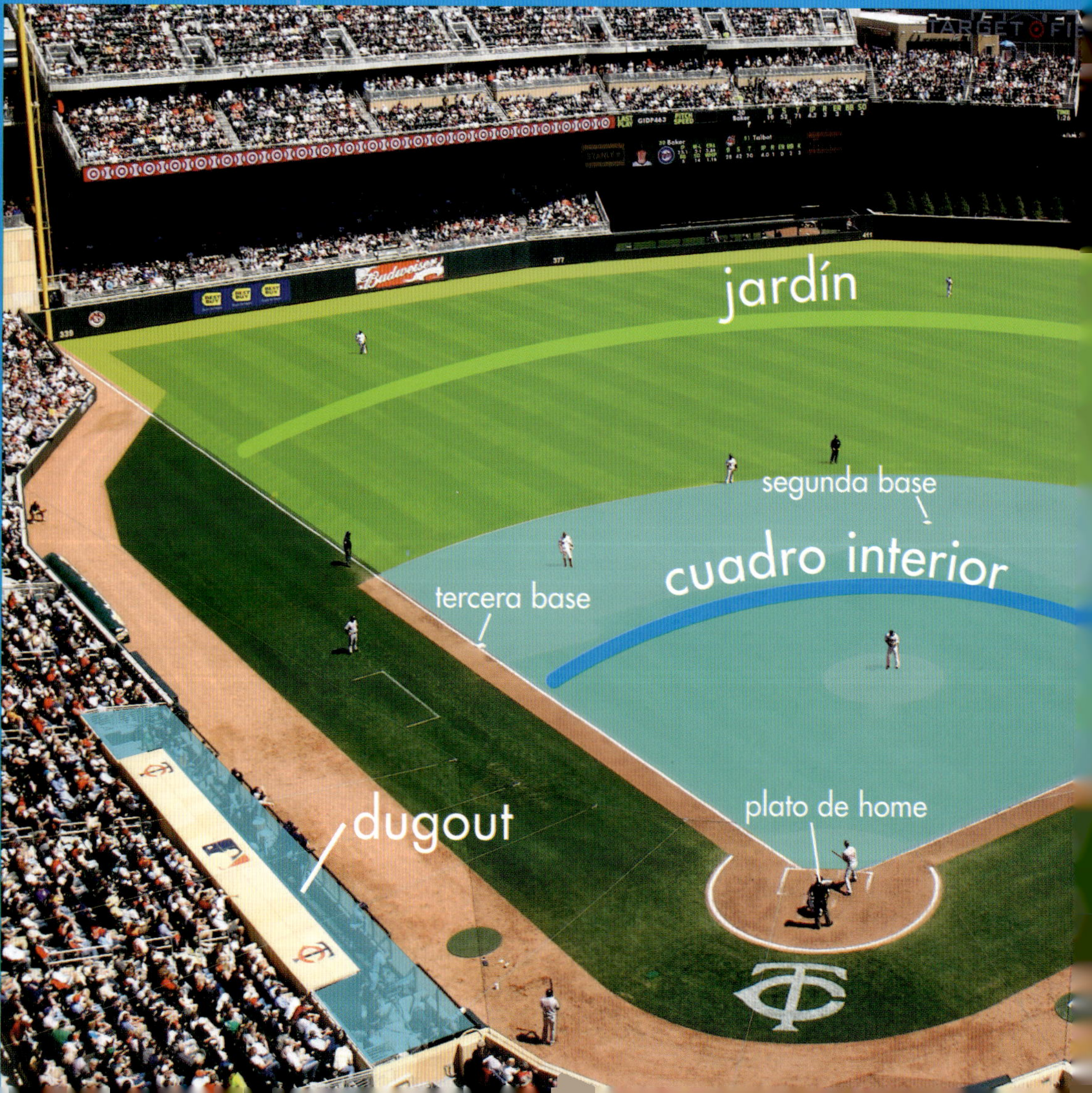

¡Para jugar béisbol se necesita mucho espacio! El **cuadro interior** tiene tres bases y un plato de home. Algunos cuadros interiores son todos de tierra. Algunos tienen pasto. El **jardín** es el espacio de césped que está más allá de las bases. Cuando no están en el campo, los jugadores están sentados en el banco al costado del campo, que recibe el nombre de dugout.

Sin importar a qué nivel juegues, un campo de béisbol tiene las mismas partes.

CAPÍTULO DOS

¿Cómo empiezo a jugar?

Muchos niños empiezan con un **tee** de bateo. Algunas ligas comienzan con lanzamientos del mismo entrenador. El entrenador lanza la pelota para que el bateador le pegue. El objetivo es desarrollar tus habilidades y divertirte. Los niños más pequeños juegan en un campo más pequeño. También pueden usar pelotas de béisbol más blandas.

Un tee ayuda a los jugadores a aprender cómo pararse y girar al batear.

¿En qué posiciones podría jugar?

¿SABÍAS?
Las niñas también juegan béisbol. La mayoría se pasa al sóftbol. Se parece mucho al béisbol con una cancha más pequeña y una pelota más grande.

El equipo de jardineros debe llenar nueve lugares. Los jardineros atrapan la pelota en el aire. Los infielders levantan la pelota del suelo y la lanzan rápidamente para meter **outs**. El lanzador le lanza la pelota al receptor. Los entrenadores te ayudan a encontrar tu mejor posición.

¿Cómo anotas un punto?

Los equipos anotan puntos cuando completan **carreras**. Primero, el bateador golpea la pelota. Luego corre rápido a primera base. Puede, incluso, llegar hasta segunda o tercera base. Al golpear la pelota otros bateadores, los corredores vuelven a moverse. Cuando un corredor llega al **plato de home**, el equipo anota una carrera. El equipo trata de anotar muchas carreras antes de obtener tres outs.

Un bateador se prepara para batear un lanzamiento.

¿Cómo se obtienen los outs?

Hay muchas formas. Los bateadores que acumulan tres strikes quedan eliminados. Atrapar en el aire una pelota bateada elimina al bateador. O los jardineros pueden llevar la pelota hasta la base antes de que llegue el corredor. Si un corredor está entre dos bases, tocarlas con la pelota es un out.

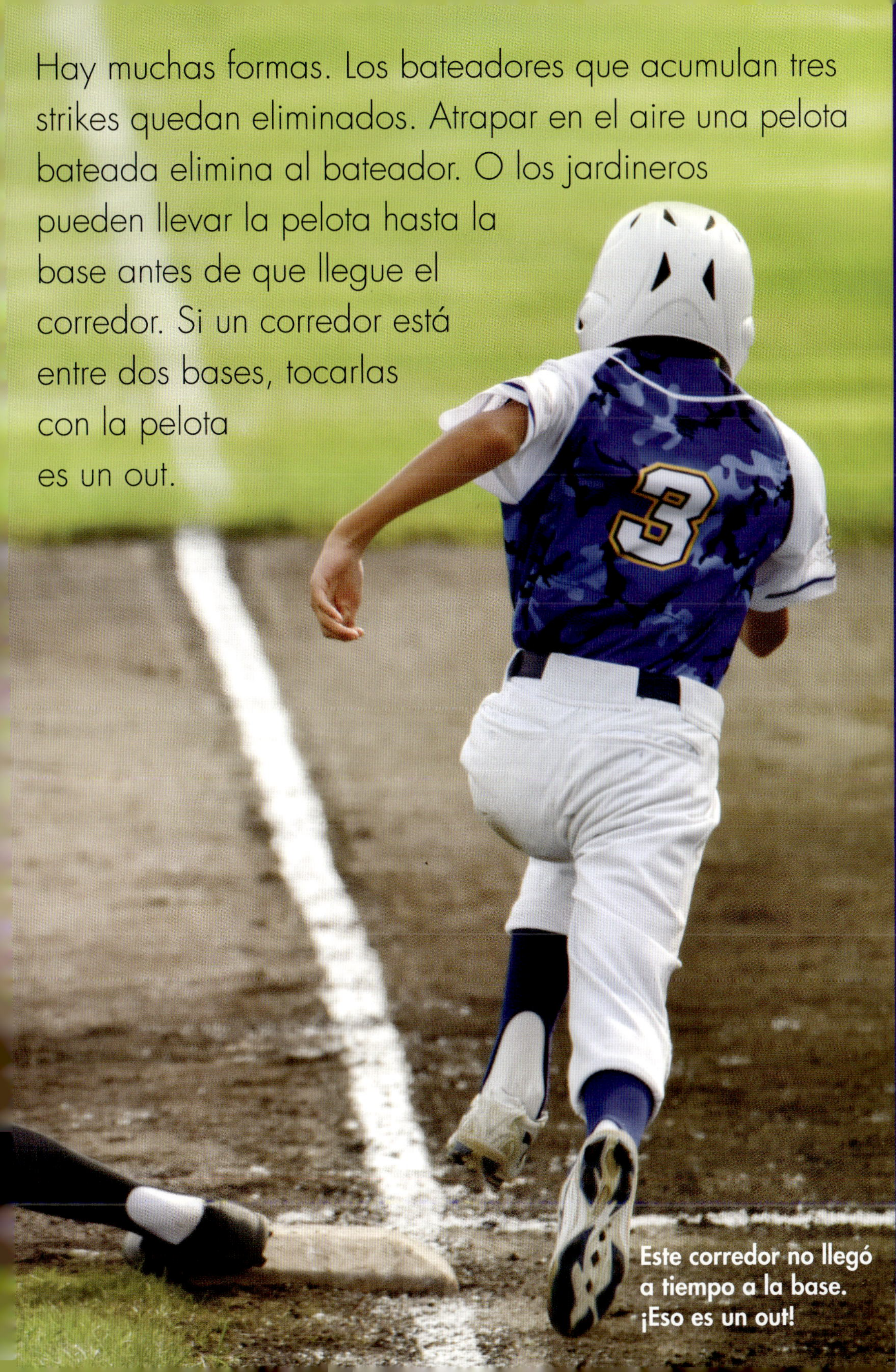

Este corredor no llegó a tiempo a la base. ¡Eso es un out!

¿Cuál es la diferencia entre una bola y un strike?

Un lanzamiento que cae en la **zona de strike** es un strike. Esta zona está sobre el plato de home, pero ni muy arriba ni muy abajo. Un lanzamiento fuera de la zona de strike se llama una **bola**. El árbitro canta los lanzamientos. Cuando un bateador batea y falla, siempre será un strike.

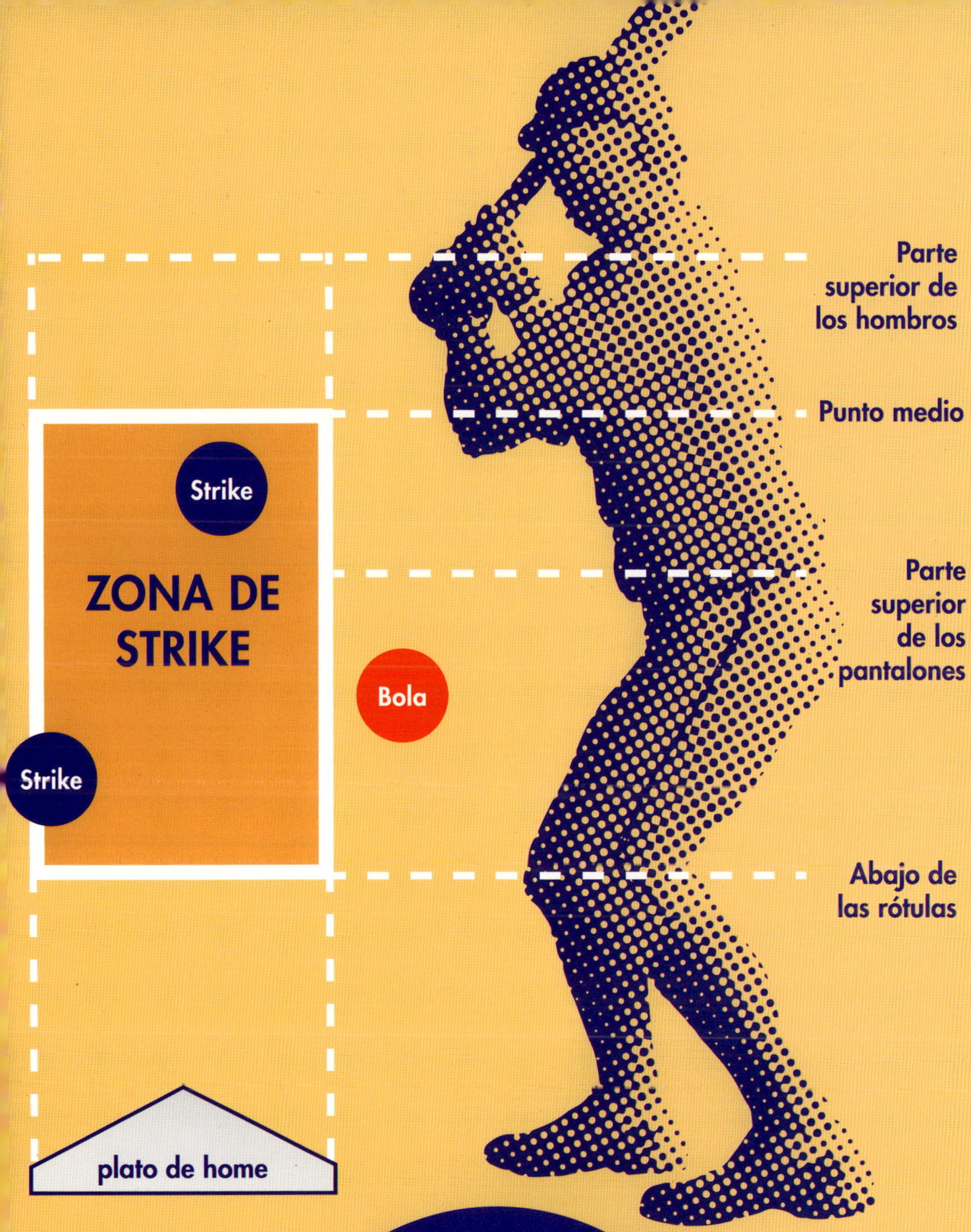

¿SABÍAS?

3 strikes—strikeout, el bateador queda eliminado
4 bolas—base por bolas, el bateador avanza a primera base

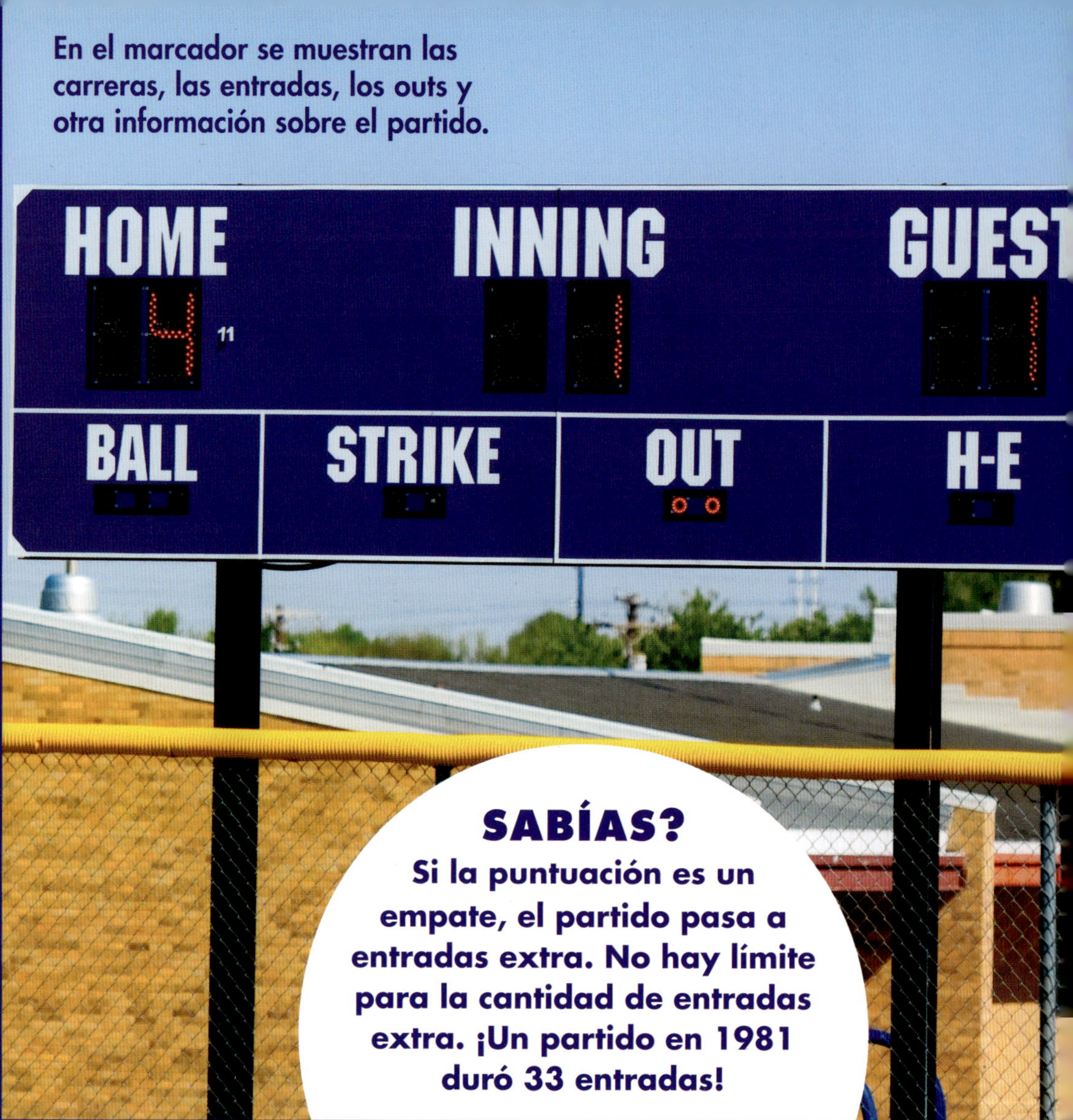

En el marcador se muestran las carreras, las entradas, los outs y otra información sobre el partido.

SABÍAS?

Si la puntuación es un empate, el partido pasa a entradas extra. No hay límite para la cantidad de entradas extra. ¡Un partido en 1981 duró 33 entradas!

¿Cuánto dura un partido?

Los jugadores chocan sus manos al final del juego.

El béisbol no se cuenta por tiempo. El partido se mide en **entradas** (innings). Cada equipo toma su turno para batear. Después de tres outs, es el turno del otro equipo. Eso es una entrada. Los partidos profesionales tienen al menos nueve entradas. Duran unas tres horas. Los niños pueden jugar menos entradas.

¿Está el receptor usando lenguaje de señas?

Más o menos. El receptor hace señas con las manos. Esto le indica al lanzador qué tipo de lanzamiento debe hacer. La mano del receptor también puede mostrar hacia dónde debe lanzar el lanzador. Si le gusta el lanzamiento, el lanzador asiente con la cabeza. Si no, niega con la cabeza y pide otra señal.

Un receptor hace una señal para un lanzamiento.

SEÑAS COMUNES DEL RECEPTOR

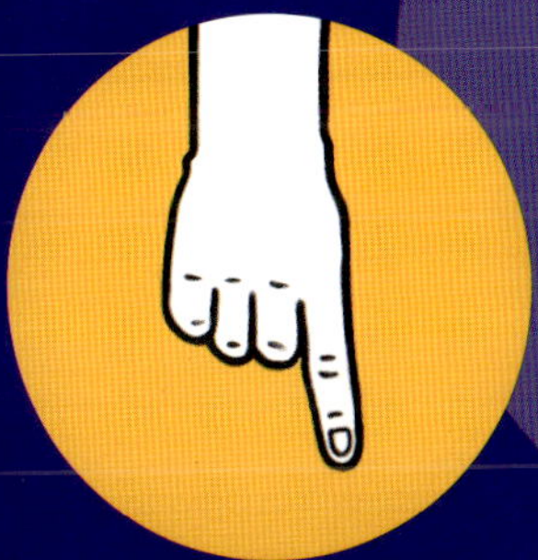

1 dedo: bola rápida

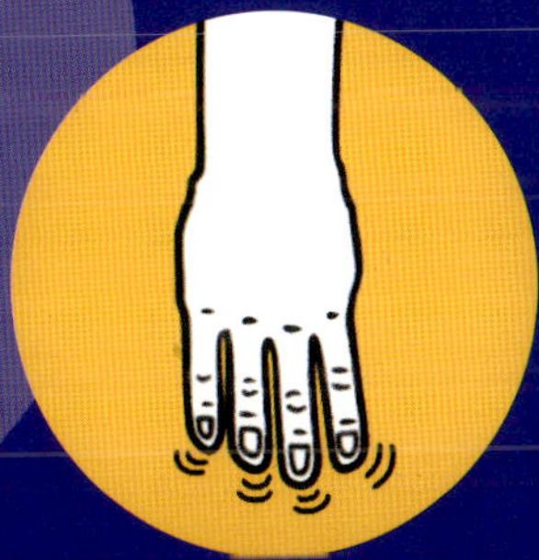

4 dedos, moviéndolos: cambio

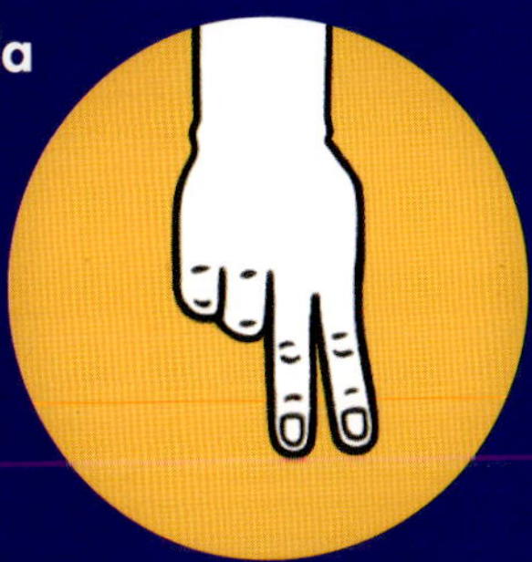

2 dedos: bola curva

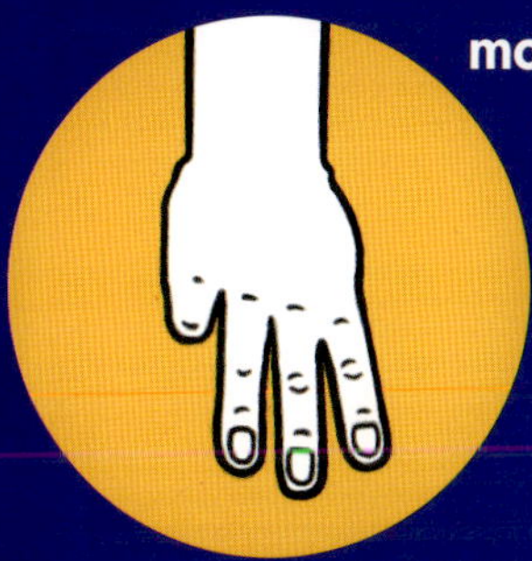

3 dedos: slider

¡MANTÉN TU CURIOSIDAD!

HAZ MÁS PREGUNTAS

¿Por qué un partido de béisbol dura nueve entradas?

¿Por qué el lanzador se para sobre un montículo?

Prueba con una PREGUNTA GRANDE:
¿Por qué al béisbol se lo llama el pasatiempo de Estados Unidos?

BUSCA LAS RESPUESTAS

Busca en el catálogo de la biblioteca o en Internet.
Pueden ayudarte tus padres, un bibliotecario o un maestro.

Usar palabras clave.
Busca la lupa.

Las palabras clave son las palabras más importantes de tu pregunta.

Si quieres saber sobre:

- por qué un partido dura nueve entradas, escribe: NUEVE ENTRADAS DEL BÉISBOL
- por qué el lanzador se para en un montículo, escribe: MONTÍCULO DEL LANZADOR

GLOSARIO

bola Un lanzamiento fuera de la zona de strike que el bateador no batea.

carrera Un punto anotado cuando un corredor llega al plato de home después de tocar todas las demás bases.

cuadro interior La parte interna del campo que incluye las bases y el plato de home.

entrada Parte de un partido de béisbol en el que a cada equipo le toca el turno de batear.

jardín La zona de césped más allá del cuadro interior.

plato de home La base de cinco lados que un corredor debe tocar para anotar después de correr por todas las bases. El bateador se para cerca cuando batea.

strike Un lanzamiento que el bateador trata de batear pero falla o que pasa por la zona de strike sin que el bateador lo batee.

tee Poste recto donde se coloca la pelota de béisbol para batearla.

zona de strike El área sobre el plato de home, comúnmente de las axilas hasta las rodillas del bateador, donde la pelota debe arrojarse para que sea un strike.

ÍNDICE

Acerca de los autores

Thomas K. y Heather Adamson son un matrimonio que ha escrito muchos libros para niños. Cuando no están trabajando, les gusta hac caminatas, mirar películas, comer pizza y, por supuesto, leer. Viven en Dakota del Sur con sus dos hijo y un perro morkie llamado Moe.